입시기도발원문

우리출판사

입시기도발원문

사경의 목적

사경은 경전의 뜻을 보다 깊이 이해하려는 목적도 있지만, 부처님의 말씀을 옮겨 쓰는 경건한 수행을 통해 자기의 신심信心과 원력을 부처님의 말씀과 일체화시켜서 신앙의 힘을 키워나가는데 더 큰 목적이 있다.

조용히 호흡을 가다듬고 부처님의 말씀을 마음으로 되새기며, 정신을 집중하여 사경에 임하다 보면 자신도 모르는 사이에 사경 삼매에 들게 된다. 또한 심신心身이 청정해져 부처님의 마음과 통하게 되니, 부처님의 지혜의 빛과 자비광명이 우리의 마음속 깊이 스며들어 온다.

그러면 몸과 마음이 안락과 행복을 느끼면서 내 주변의 모든 존재에 대한 자비심이 일어나니, 사경의 공덕은 이렇듯 그 자리에서 이익을 가져온다.

사경하는 마음

경전에 표기된 글자는 단순한 문자가 아니라 부처님께서 깨달은 진리라는 상징성을 갖고 있다. 경전의 글자 하나하나가 중생구제를 서원하신 부처님의 마음이며, 중생을 진리의 길로 인도하는 지침인 것이다.

예로부터 사경을 하며 1자3배의 정성을 기울인 것도 경전의 한 글자 한 글자에 부처님이 함께하신다고 생각했기 때문이다. 사경이 수행인 동시에 기도의 일환으로 불자들에게 널리 행해지는 까닭이 여기에 있다.

사경은 부처님의 가르침과 함께하는 시간이며 부처님과 함께하는 시간이다. 부처님의 말씀을 가슴으로 받아들이고 마음으로 찬탄하며 진실로 기쁘게 환희로워야 하는 시간인 것이다.

따라서 사경은 가장 청정한 마음으로 임해야 한다.

사경의 공덕

❀ 마음이 안정되고 평화로워져 미소가 떠나질 않는다.
❀ 부처님을 믿는 마음이 더욱 굳건해진다.
❀ 번뇌 망상, 어리석은 마음이 사라지고 지혜가 증장한다.
❀ 생업이 더욱 번창한다.
❀ 좋은 인연을 만나고 착한 선과가 날로 더해진다.
❀ 업장이 소멸되며 소원한 바가 반드시 이루어진다.
❀ 불보살님과 천지신명이 보호해 주신다.
❀ 각종 질환이나 재난, 구설수 등 현실의 고苦를 소멸시킨다.
❀ 선망조상이 왕생극락하고 원결 맺은 다겁생의 영가들이
　이고득락離苦得樂한다.
❀ 가정이 화목하고 자손들의 앞길이 밝게 열린다.

사경하는 절차

1. 몸을 깨끗이 하고 옷차림을 단정히 한다.
2. 사경할 준비를 갖춘다.(사경상, 좌복, 필기도구 등)
3. 삼배 후, 의식문이 있으면 의식문을 염송한다.
4. 좌복 위에 단정히 앉아 마음을 고요히 한다.
　 (잠시 입정하면 더욱 좋다.)
5. 붓이나 펜으로 한 자 한 자 정성스럽게 사경을 시작한다.
6. 사경이 끝나면 사경 발원문을 염송한다.
7. 삼배로 의식을 마친다.

◆ 기도를 더 하고 싶을 때에는 사경이 끝난 뒤, 경전 독송이나
　108배 참회기도, 또는 그날 사경한 내용을 참구하는 명상 시간을
　갖는 것도 좋다.
◆ 사경에 사용하는 붓이나 펜은 사경 이외의 다른 용도에 사용하지
　않도록 한다.
◆ 완성된 사경은 집안에서 가장 정갈한 곳(혹은 높은 곳)에 보관하거나,
　경건하게 소각시킨다.

입시기도발원문

삼귀의

거룩한 부처님께 귀의합니다.

거룩한 가르침에 귀의합니다.

거룩한 스님들께 귀의합니다.

부처님께 아뢰는 글

대자대비하신 부처님이시여!

남섬부주 동양 대한민국 (   )에

거주하는 (   ) 보체가

(   ) 생 (   ) 보체의

(   ) 합격을 기원하며 지극한 정성으

로 예를 올리옵고 헌공 발원하옵나니

대자비를 베푸시어 굽어 살펴주옵소서.

구업을 청정케 하는 진언
수리수리 마하수리 수수리 사바하
수리수리 마하수리 수수리 사바하
수리수리 마하수리 수수리 사바하

오방내외 신중을 편안하게 모시는 진언
나무 사만다 못다남 옴 도로 도로 지미 사바하   나무 사만다 못다남 옴 도로 도로 지미 사바하   나무 사만다 못다남 옴 도로 도로 지미 사바하

경전을 펴는 게송
위없이   심히깊은 미묘한법을
백천만겁 지난들   어찌만나리
제가이제 보고듣고 받아지니니

부처님의 진실한뜻 알아지이다.

법장을 여는 진언
옴 아라남 아라다   옴 아라남 아라다
옴 아라남 아라다

신묘장구대다라니

나모라 다나다라 야야 나막알약 바로기제
새바라야 모지 사다바야 마하 사다바야 마
하가로 니가야 옴 살바 바예수 다라나 가
라야 다사명 나막 가리다바 이맘 알야 바
로기제 새바라 다바 니라간타 나막 하리나
야 마발다 이사미 살발타 사다남 수반아예
염 살바 보다남 바바마라 미수다감 다냐타
옴 아로계 아로가 마지로가 지가란제 혜혜
하례 마하모지 사다바 사마라 사마라 하리
나야 구로구로 갈마 사다야 사다야 도로도

로 미연제 마하미연제 다라다라 다린나례
새바라 자라자라 마라 미마라 아마라 몰
제 예혜혜 로계 새바라 라아 미사미 나사
야 나베 사미사미 나사야 모하자라 미사미
나사야 호로호로 마라호로 하례 바나마 나
바 사라사라 시리시리 소로소로 못쟈못쟈
모다야 모다야 매다리야 니라간타 가마사
날사남 바라 하리나야 마낙 사바하 싣다야
사바하 마하싣다야 사바하 싣다유예 새바
라야 사바하 니라간타야 사바하 바라하 목
카싱하 목카야 사바하 바나마 하따야 사바
하 자가라 욕다야 사바하 상카섭나녜 모다
나야 사바하 마하라 구타다라야 사바하 바
마사간타 이사시체다 가릿나 이나야 사바
하 먀가라 잘마이바 사나야 사바하
나모라 다나다라 야야 나막알야 바로기제
새바라야 사바하

정근

나무 보문시현 원력홍심 대자대비
구고구난
관세음보살 관세음보살 관세음보살

관세음보살 멸업장진언
옴 아로늑계 사바하 옴 아로늑계 사바하
옴 아로늑계 사바하

신통한 힘 구족하고 지혜방편 널리 닦아
시방세계 모든 곳에 빠짐없이 나투시니
이에 저희들은 일심으로 절하옵니다.

합격기원 발원문

중생의 자애로운 어버이시며
온 세계의 스승이신 거룩하신 부처님!

온갖 서원으로 하여 지혜 더욱 깊으시고
자비 더욱 한량없어 삼세에 항상 하시고
시방에 충만하신 부처님!
가이없는 지혜와 자비 무량하사 무명의 어
둠을 밝히는 참 등불이 되시고 탐욕과 어
리석음에 빠져있는 저희들을 어여삐 여기
사 다함없는 가피 내려주심을 지극한 마음
으로 찬탄하나이다.
수승하신 원력으로 온 세상을 두루 밝히시
는 지혜의 광명이신 부처님!
발원재자 (   ) 생 (   ) 이(가) 이
제 간절한 서원을 세워 의지하오니 저희
들의 귀의를 받아주소서.
탐내고 성내고 어리석었던 지난 날의 악업을
지극한 마음으로 머리 숙여 참회하나이다.
무명의 쌓인 업장 수미산보다 높고 무명의
질긴 애착은 사해보다 깊사옵니다.

중생의 온갖 서원 다 섭수하시는 부처님!
이제 다시 지극한 마음으로 발원하오니 어떠한 유혹이나 애착에도 물들지 않는 굳건한 용기 주시옵고 모든 죄업 다 벗어나 깨달음의 길에 들게 하시옵소서.
세상의 모든 악함 물리치게 하시며 온갖 생명의 힘이 되고 의지처가 되게 하옵소서.
그리하여 우리 몸이 광명의 도량이며 우리 마음이 청정한 정토임을 깨닫게 하여 주시옵소서.

거룩하신 부처님!
부처님의 지극하신 가피로 굳건하게 자란 우리 아이들이 입시라는 삶의 한 고비를 맞아 부처님을 의지하고 부처님을 본받아 학업에 열중하고 있사옵니다.
배움과 못 배움이 사람됨의 척도가 될 수 없고 아름다운 삶의 완성이 학력의 유무에

있지 않음을 잘 알고 있사오나 장차 이 나라를 장엄하는 동량이 되고자 함이오니 그 뜻을 섭수하여 주시옵소서.
모든 중생의 복전이며 공덕의 어머니이신 부처님!
발원재자 (   )생 (   )은(는) 불보살님의 구도정신을 본받아 (   ) 대학·(시험) 합격을 위해 정성을 다하여 학업에 매진하여 왔습니다.
오랜 시간 정진해 온 (   )이(가) (   )에 합격토록 하여 성취의 기쁨을 깨닫게 하여 주옵소서.
사대는 강건하고 육근이 청정하며 일체 병고와 미혹이 범접할 수 없도록 하여 주시옵소서. 더불어 불안과 초조함에서 벗어나 평안을 찾게 하시고 막힘에 이르면 문수보살의 혜안으로 천안의 지혜 열어 주시옵소서.

온갖 장애를 딛고 원하는 학업성과 성취케 하여 주시옵고 구경에는 보현보살의 크신 행과 관세음보살의 대자대비 실천케 하시어 이 땅을 불국토로 성취시키는 인연 짓게 하옵소서.

두 손 모아 다시 서원하옵나니 오늘의 이 기도공덕으로 이 땅의 모든 아이들이 바른 중도의 길을 걷게 하옵시고 결코 나쁜 유혹에 빠지지 않도록 하여 주시옵소서.

그리하여 모든 중생들이 부처님의 정토에 들어 지혜롭고 행복한 삶의 기쁨으로 가득 차게 하여 주시옵소서.

나무 석가모니불
나무 석가모니불
나무 시아본사 석가모니불

입시기도발원문

삼귀의

거룩한 부처님께 귀의합니다.

거룩한 가르침에 귀의합니다.

거룩한 스님들께 귀의합니다.

부처님께 아뢰는 글

대자대비하신 부처님이시여!

남섬부주 동양 대한민국 (   )에

거주하는 (   ) 보체가

(   )생 (   ) 보체의

(   ) 합격을 기원하며 지극한 정성으

로 예를 올리옵고 헌공 발원하옵나니

대자비를 베푸시어 굽어 살펴주옵소서.

구업을 청정케 하는 진언
수리수리 마하수리 수수리 사바하
수리수리 마하수리 수수리 사바하
수리수리 마하수리 수수리 사바하

오방내외 신중을 편안하게 모시는 진언
나무 사만다 못다남 옴 도로 도로 지미 사바하   나무 사만다 못다남 옴 도로 도로 지미 사바하   나무 사만다 못다남 옴 도로 도로 지미 사바하

경전을 펴는 게송
위없이   심히깊은 미묘한법을
백천만겁 지난들   어찌만나리
제가이제 보고듣고 받아지니니

부처님의 진실한뜻 알아지이다.

법장을 여는 진언
옴 아라남 아라다 옴 아라남 아라다
옴 아라남 아라다

신묘장구대다라니
나모라 다나다라 야야 나막알약 바로기제
새바라야 모지 사다바야 마하 사다바야 마
하가로 니가야 옴 살바 바예수 다라나 가
라야 다사명 나막 가리다바 이맘 알야 바
로기제 새바라 다바 니라간타 나막 하리나
야 마발다 이사미 살발타 사다남 수반아예
염 살바 보다남 바바마라 미수다감 다냐타
옴 아로계 아로가 마지로가 지가란제 혜혜
하례 마하모지 사다바 사마라 사마라 하리
나야 구로구로 갈마 사다야 사다야 도로도

로 미연제 마하미연제 다라다라 다린나례
새바라 자라자라 마라 미마라 아마라 몰
제 예혜혜 로계 새바라 라아 미사미 나사
야 나베 사미사미 나사야 모하자라 미사미
나사야 호로호로 마라호로 하례 바나마 나
바 사라사라 시리시리 소로소로 못쟈못쟈
모다야 모다야 매다리야 니라간타 가마사
날사남 바라 하리나야 마낙 사바하 싣다야
사바하 마하싣다야 사바하 싣다유예 새바
라야 사바하 니라간타야 사바하 바라하 목
카싱하 목카야 사바하 바나마 하따야 사바
하 자가라 욕다야 사바하 상카섭나녜 모다
나야 사바하 마하라 구타다라야 사바하 바
마사간타 이사시체다 가릿나 이나야 사바
하 먀가라 잘마이바 사나야 사바하
나모라 다나다라 야야 나막알야 바로기제
새바라야 사바하

정근

나무 보문시현 원력홍심 대자대비

구고구난

관세음보살 관세음보살 관세음보살

관세음보살 멸업장진언

옴 아로늑계 사바하 옴 아로늑계 사바하

옴 아로늑계 사바하

신통한 힘 구족하고 지혜방편 널리 닦아

시방세계 모든 곳에 빠짐없이 나투시니

이에 저희들은 일심으로 절하옵니다.

합격기원 발원문

중생의 자애로운 어버이시며

온 세계의 스승이신 거룩하신 부처님!

온갖 서원으로 하여 지혜 더욱 깊으시고 자비 더욱 한량없어 삼세에 항상 하시고 시방에 충만하신 부처님!

가이없는 지혜와 자비 무량하사 무명의 어둠을 밝히는 참 등불이 되시고 탐욕과 어리석음에 빠져있는 저희들을 어여삐 여기사 다함없는 가피 내려주심을 지극한 마음으로 찬탄하나이다.

수승하신 원력으로 온 세상을 두루 밝히시는 지혜의 광명이신 부처님!

발원재자(   )생 (   )이(가) 이제 간절한 서원을 세워 의지하오니 저희들의 귀의를 받아주소서.

탐내고 성내고 어리석었던 지난 날의 악업을 지극한 마음으로 머리 숙여 참회하나이다.

무명의 쌓인 업장 수미산보다 높고 무명의 질긴 애착은 사해보다 깊사옵니다.

중생의 온갖 서원 다 섭수하시는 부처님!
이제 다시 지극한 마음으로 발원하오니 어떠한 유혹이나 애착에도 물들지 않는 굳건한 용기 주시옵고 모든 죄업 다 벗어나 깨달음의 길에 들게 하시옵소서.
세상의 모든 악함 물리치게 하시며 온갖 생명의 힘이 되고 의지처가 되게 하옵소서.
그리하여 우리 몸이 광명의 도량이며 우리 마음이 청정한 정토임을 깨닫게 하여 주시옵소서.
거룩하신 부처님!
부처님의 지극하신 가피로 굳건하게 자란 우리 아이들이 입시라는 삶의 한 고비를 맞아 부처님을 의지하고 부처님을 본받아 학업에 열중하고 있사옵니다.
배움과 못 배움이 사람됨의 척도가 될 수 없고 아름다운 삶의 완성이 학력의 유무에

있지 않음을 잘 알고 있사오나 장차 이 나라를 장엄하는 동량이 되고자 함이오니 그 뜻을 섭수하여 주시옵소서.

모든 중생의 복전이며 공덕의 어머니이신 부처님!

발원재자 (   )생 (   )은(는) 불보살님의 구도정신을 본받아 (   ) 대학·(시험) 합격을 위해 정성을 다하여 학업에 매진하여 왔습니다.

오랜 시간 정진해 온 (   )이(가) (   )에 합격토록 하여 성취의 기쁨을 깨닫게 하여 주옵소서.

사대는 강건하고 육근이 청정하며 일체 병고와 미혹이 범접할 수 없도록 하여 주시옵소서. 더불어 불안과 초조함에서 벗어나 평안을 찾게 하시고 막힘에 이르면 문수보살의 혜안으로 천안의 지혜 열어 주시옵소서.

온갖 장애를 딛고 원하는 학업성과 성취케 하여 주시옵고 구경에는 보현보살의 오신행과 관세음보살의 대자대비 실천케 하시어 이 땅을 불국토로 성취시키는 인연 짓게 하옵소서.

두 손 모아 다시 서원하옵나니 오늘의 이 기도공덕으로 이 땅의 모든 아이들이 바른 중도의 길을 걷게 하옵시고 결코 나쁜 유혹에 빠지지 않도록 하여 주시옵소서.

그리하여 모든 중생들이 부처님의 정토에 들어 지혜롭고 행복한 삶의 기쁨으로 가득 차게 하여 주시옵소서.

나무 석가모니불
나무 석가모니불
나무 시아본사 석가모니불

입시기도발원문

삼귀의

거룩한 부처님께 귀의합니다.

거룩한 가르침에 귀의합니다.

거룩한 스님들께 귀의합니다.

부처님께 아뢰는 글

대자대비하신 부처님이시여!

남섬부주 동양 대한민국 (   )에

거주하는 (   )보체가

(   )생 (   )보체의

(   ) 합격을 기원하며 지극한 정성으로 예를 올리옵고 헌공 발원하옵나니

대자비를 베푸시어 굽어 살펴주옵소서.

구업을 청정케 하는 진언
수리수리 마하수리 수수리 사바하
수리수리 마하수리 수수리 사바하
수리수리 마하수리 수수리 사바하

오방내외 신중을 편안하게 모시는 진언
나무 사만다 못다남 옴 도로 도로 지미 사바하   나무 사만다 못다남 옴 도로 도로 지미 사바하   나무 사만다 못다남 옴 도로 도로 지미 사바하

경전을 펴는 게송
위없이   심히깊은 미묘한법을
백천만겁 지난들   어찌만나리
제가이제 보고듣고 받아지니니

부처님의 진실한뜻 알아지이다.

법장을 여는 진언
옴 아라남 아라다 옴 아라남 아라다
옴 아라남 아라다

신묘장구대다라니
나모라 다나다라 야야 나막알약 바로기제
새바라야 모지 사다바야 마하 사다바야 마
하가로 니가야 옴 살바 바예수 다라나 가
라야 다사명 나막 가리다바 이맘 알야 바
로기제 새바라 다바 니라간타 나막 하리나
야 마발다 이사미 살발타 사다남 수반아예
염 살바 보다남 바바마라 미수다감 다냐타
옴 아로계 아로가 마지로가 지가란제 혜혜
하례 마하모지 사다바 사마라 사마라 하리
나야 구로구로 갈마 사다야 사다야 도로도

로 미연제 마하미연제 다라다라 다린나례
새바라 자라자라 마라 미마라 아마라 몰
제 예혜혜 로계 새바라 라아 미사미 나사
야 나베 사미사미 나사야 모하자라 미사미
나사야 호로호로 마라호로 하례 바나마 나
바 사라사라 시리시리 소로소로 못쟈못쟈
모다야 모다야 매다리야 니라간타 가마사
날사남 바라 하리나야 마낙 사바하 싣다야
사바하 마하싣다야 사바하 싣다유예 새바
라야 사바하 니라간타야 사바하 바라하 목
카싱하 목카야 사바하 바나마 하따야 사바
하 자가라 욕다야 사바하 상카섭나녜 모다
나야 사바하 마하라 구타다라야 사바하 바
마사간타 이사시체다 가릿나 이나야 사바
하 먀가라 잘마이바 사나야 사바하
나모라 다나다라 야야 나막알야 바로기제
새바라야 사바하

정근

나무 보문시현 원력홍심 대자대비

구고구난

관세음보살 관세음보살 관세음보살

관세음보살 멸업장진언

옴 아로늑계 사바하 옴 아로늑계 사바하

옴 아로늑계 사바하

신통한 힘 구족하고 지혜방편 널리 닦아

시방세계 모든 곳에 빠짐없이 나투시니

이에 저희들은 일심으로 절하옵니다.

합격기원 발원문

중생의 자애로운 어버이시며

온 세계의 스승이신 거룩하신 부처님!

온갖 서원으로 하여 지혜 더욱 깊으시고
자비 더욱 한량없어 삼세에 항상 하시고
시방에 충만하신 부처님!
가이없는 지혜와 자비 무량하사 무명의 어둠을 밝히는 참 등불이 되시고 탐욕과 어리석음에 빠져있는 저희들을 어여삐 여기사 다함없는 가피 내려주심을 지극한 마음으로 찬탄하나이다.
수승하신 원력으로 온 세상을 두루 밝히시는 지혜의 광명이신 부처님!
발원재자(   )생 (   )이(가) 이제 간절한 서원을 세워 의지하오니 저희들의 귀의를 받아주소서.
탐내고 성내고 어리석었던 지난 날의 악업을 지극한 마음으로 머리 숙여 참회하나이다.
무명의 쌓인 업장 수미산보다 높고 무명의 질긴 애착은 사해보다 깊사옵니다.

중생의 온갖 서원 다 섭수하시는 부처님!
이제 다시 지극한 마음으로 발원하오니 어떠한 유혹이나 애착에도 물들지 않는 굳건한 용기 주시옵고 모든 죄업 다 벗어나 깨달음의 길에 들게 하시옵소서.
세상의 모든 악함 물리치게 하시며 온갖 생명의 힘이 되고 의지처가 되게 하옵소서.
그리하여 우리 몸이 광명의 도량이며 우리 마음이 청정한 정토임을 깨닫게 하여 주시옵소서.

거룩하신 부처님!
부처님의 지극하신 가피로 굳건하게 자란 우리 아이들이 입시라는 삶의 한 고비를 맞아 부처님을 의지하고 부처님을 본받아 학업에 열중하고 있사옵니다.
배움과 못 배움이 사람됨의 척도가 될 수 없고 아름다운 삶의 완성이 학력의 유무에

있지 않음을 잘 알고 있사오나 장차 이 나라를 장엄하는 동량이 되고자 함이오니 그 뜻을 섭수하여 주시옵소서.
모든 중생의 복전이며 공덕의 어머니이신 부처님!
발원재자 (   )생 (   )은(는) 불보살님의 구도정신을 본받아 (   ) 대학·(시험) 합격을 위해 정성을 다하여 학업에 매진하여 왔습니다.
오랜 시간 정진해 온 (   )이(가) (   )에 합격토록 하여 성취의 기쁨을 깨닫게 하여 주옵소서.
사대는 강건하고 육근이 청정하며 일체 병고와 미혹이 범접할 수 없도록 하여 주시옵소서. 더불어 불안과 초조함에서 벗어나 평안을 찾게 하시고 막힘에 이르면 문수보살의 혜안으로 천안의 지혜 열어 주시옵소서.

온갖 장애를 딛고 원하는 학업성과 성취케 하여 주시옵고 구경에는 보현보살의 크신 행과 관세음보살의 대자대비 실천케 하시어 이 땅을 불국토로 성취시키는 인연 짓게 하옵소서.

두 손 모아 다시 서원하옵나니 오늘의 이 기도공덕으로 이 땅의 모든 아이들이 바른 중도의 길을 걷게 하옵시고 결코 나쁜 유혹에 빠지지 않도록 하여 주시옵소서.

그리하여 모든 중생들이 부처님의 정토에 들어 지혜롭고 행복한 삶의 기쁨으로 가득 차게 하여 주시옵소서.

나무 석가모니불
나무 석가모니불
나무 시아본사 석가모니불

입시기도발원문

삼귀의

거룩한 부처님께 귀의합니다.

거룩한 가르침에 귀의합니다.

거룩한 스님들께 귀의합니다.

부처님께 아뢰는 글

대자대비하신 부처님이시여!

남섬부주 동양 대한민국 (   )에

거주하는 (   )보체가

(   )생 (   )보체의

(   ) 합격을 기원하며 지극한 정성으

로 예를 올리옵고 헌공 발원하옵나니

대자비를 베푸시어 굽어 살펴주옵소서.

구업을 청정케 하는 진언
수리수리 마하수리 수수리 사바하
수리수리 마하수리 수수리 사바하
수리수리 마하수리 수수리 사바하

오방내외 신중을 편안하게 모시는 진언
나무 사만다 못다남 옴 도로 도로 지미 사바하   나무 사만다 못다남 옴 도로 도로 지미 사바하   나무 사만다 못다남 옴 도로 도로 지미 사바하

경전을 펴는 게송
위없이   심히깊은 미묘한법을
백천만겁 지난들   어찌만나리
제가이제 보고듣고 받아지니니

부처님의 진실한뜻 알아지이다.

법장을 여는 진언
옴 아라남 아라다　옴 아라남 아라다
옴 아라남 아라다

신묘장구대다라니

나모라 다나다라 야야 나막알약 바로기제
새바라야 모지 사다바야 마하 사다바야 마
하가로 니가야 옴 살바 바예수 다라나 가
라야 다사명 나막 가리다바 이맘 알야 바
로기제 새바라 다바 니라간타 나막 하리나
야 마발다 이사미 살발타 사다남 수반아예
염 살바 보다남 바바마라 미수다감 다냐타
옴 아로계 아로가 마지로가 지가란제 혜혜
하례 마하모지 사다바 사마라 사마라 하리
나야 구로구로 갈마 사다야 사다야 도로도

로 미연제 마하미연제 다라다라 다린나례
새바라 자라자라 마라 미마라 아마라 몰
제 예혜혜 로계 새바라 라아 미사미 나사
야 나베 사미사미 나사야 모하자라 미사미
나사야 호로호로 마라호로 하례 바나마 나
바 사라사라 시리시리 소로소로 못쟈못쟈
모다야 모다야 매다리야 니라간타 가마사
날사남 바라 하리나야 마낙 사바하 싣다야
사바하 마하싣다야 사바하 싣다유예 새바
라야 사바하 니라간타야 사바하 바라하 목
카싱하 목카야 사바하 바나마 하따야 사바
하 자가라 욕다야 사바하 상카섭나녜 모다
나야 사바하 마하라 구타다라야 사바하 바
마사간타 이사시체다 가릿나 이나야 사바
하 먀가라 잘마이바 사나야 사바하
나모라 다나다라 야야 나막알야 바로기제
새바라야 사바하

정근

나무 보문시현 원력홍심 대자대비

구고구난

관세음보살 관세음보살 관세음보살

관세음보살 멸업장진언

옴 아로늑계 사바하 옴 아로늑계 사바하

옴 아로늑계 사바하

신통한 힘 구족하고 지혜방편 널리 닦아

시방세계 모든 곳에 빠짐없이 나투시니

이에 저희들은 일심으로 절하옵니다.

합격기원 발원문

중생의 자애로운 어버이시며

온 세계의 스승이신 거룩하신 부처님!

온갖 서원으로 하여 지혜 더욱 깊으시고 자비 더욱 한량없어 삼세에 항상 하시고 시방에 충만하신 부처님!

가이없는 지혜와 자비 무량하사 무명의 어둠을 밝히는 참 등불이 되시고 탐욕과 어리석음에 빠져있는 저희들을 어여삐 여기사 다함없는 가피 내려주심을 지극한 마음으로 찬탄하나이다.

수승하신 원력으로 온 세상을 두루 밝히시는 지혜의 광명이신 부처님!

발원재자( )생 ( )이(가) 이제 간절한 서원을 세워 의지하오니 저희들의 귀의를 받아주소서.

탐내고 성내고 어리석었던 지난 날의 악업을 지극한 마음으로 머리 숙여 참회하나이다.

무명의 쌓인 업장 수미산보다 높고 무명의 질긴 애착은 사해보다 깊사옵니다.

중생의 온갖 서원 다 섭수하시는 부처님!
이제 다시 지극한 마음으로 발원하오니 어떠한 유혹이나 애착에도 물들지 않는 굳건한 용기 주시옵고 모든 죄업 다 벗어나 깨달음의 길에 들게 하시옵소서.
세상의 모든 악함 물리치게 하시며 온갖 생명의 힘이 되고 의지처가 되게 하옵소서.
그리하여 우리 몸이 광명의 도량이며 우리 마음이 청정한 정토임을 깨닫게 하여 주시옵소서.
거룩하신 부처님!
부처님의 지극하신 가피로 굳건하게 자란 우리 아이들이 입시라는 삶의 한 고비를 맞아 부처님을 의지하고 부처님을 본받아 학업에 열중하고 있사옵니다.
배움과 못 배움이 사람됨의 척도가 될 수 없고 아름다운 삶의 완성이 학력의 유무에

있지 않음을 잘 알고 있사오나 장차 이 나라를 장엄하는 동량이 되고자 함이오니 그 뜻을 섭수하여 주시옵소서.

모든 중생의 복전이며 공덕의 어머니이신 부처님!

발원재자 (   )생 (   )은(는) 불보살님의 구도정신을 본받아 (   ) 대학·(시험) 합격을 위해 정성을 다하여 학업에 매진하여 왔습니다.

오랜 시간 정진해 온 (   )이(가) (   )에 합격토록 하여 성취의 기쁨을 깨닫게 하여 주옵소서.

사대는 강건하고 육근이 청정하며 일체 병고와 미혹이 범접할 수 없도록 하여 주시옵소서. 더불어 불안과 초조함에서 벗어나 평안을 찾게 하시고 막힘에 이르면 문수보살의 혜안으로 천안의 지혜 열어 주시옵소서.

온갖 장애를 딛고 원하는 학업성과 성취케 하여 주시옵고 구경에는 보현보살의 크신 행과 관세음보살의 대자대비 실천케 하시어 이 땅을 불국토로 성취시키는 인연 짓게 하옵소서.

두 손 모아 다시 서원하옵나니 오늘의 이 기도공덕으로 이 땅의 모든 아이들이 바른 중도의 길을 걷게 하옵시고 결코 나쁜 유혹에 빠지지 않도록 하여 주시옵소서.

그리하여 모든 중생들이 부처님의 정도에 들어 지혜롭고 행복한 삶의 기쁨으로 가득 차게 하여 주시옵소서.

나무 석가모니불
나무 석가모니불
나무 시아본사 석가모니불

입시기도발원문

삼귀의

거룩한 부처님께 귀의합니다.

거룩한 가르침에 귀의합니다.

거룩한 스님들께 귀의합니다.

부처님께 아뢰는 글

대자대비하신 부처님이시여!

남섬부주 동양 대한민국 (　　　　)에

거주하는 (　　　　)보체가

(　　)생 (　　　　)보체의

(　　　　) 합격을 기원하며 지극한 정성으로 예를 올리옵고 헌공 발원하옵나니

대자비를 베푸시어 굽어 살펴주옵소서.

구업을 청정케 하는 진언
수리수리 마하수리 수수리 사바하
수리수리 마하수리 수수리 사바하
수리수리 마하수리 수수리 사바하

오방내외 신중을 편안하게 모시는 진언
나무 사만다 못다남 옴 도로 도로 지미 사바하   나무 사만다 못다남 옴 도로 도로 지미 사바하   나무 사만다 못다남 옴 도로 도로 지미 사바하

경전을 펴는 게송
위없이   심히깊은 미묘한법을
백천만겁 지난들   어찌만나리
제가이제 보고듣고 받아지니니

부처님의 진실한뜻 알아지이다.

법장을 여는 진언
옴 아라남 아라다　옴 아라남 아라다
옴 아라남 아라다

신묘장구대다라니
나모라 다나다라 야야 나막알약 바로기제
새바라야 모지 사다바야 마하 사다바야 마
하가로 니가야 옴 살바 바예수 다라나 가
라야 다사명 나막 가리다바 이맘 알야 바
로기제 새바라 다바 니라간타 나막 하리나
야 마발다 이사미 살발타 사다남 수반아예
염 살바 보다남 바바마라 미수다감 다냐타
옴 아로계 아로가 마지로가 지가란제 혜혜
하례 마하모지 사다바 사마라 사마라 하리
나야 구로구로 갈마 사다야 사다야 도로도

로 미연제 마하미연제 다라다라 다린나례
새바라 자라자라 마라 미마라 아마라 몰
제 예헤혜 로계 새바라 라아 미사미 나사
야 나베 사미사미 나사야 모하자라 미사미
나사야 호로호로 마라호로 하례 바나마 나
바 사라사라 시리시리 소로소로 못쟈못쟈
모다야 모다야 매다리야 니라간타 가마사
날사남 바라 하리나야 마낙 사바하 싣다야
사바하 마하싣다야 사바하 싣다유예 새바
라야 사바하 니라간타야 사바하 바라하 목
카싱하 목카야 사바하 바나마 하따야 사바
하 자가라 욕다야 사바하 상카섭나녜 모다
나야 사바하 마하라 구타다라야 사바하 바
마사간타 이사시체다 가릿나 이나야 사바
하 먀가라 잘마이바 사나야 사바하
나모라 다나다라 야야 나막알야 바로기제
새바라야 사바하

정근

나무 보문시현 원력홍심 대자대비

구고구난

관세음보살 관세음보살 관세음보살

관세음보살 멸업장진언

옴 아로늑계 사바하 옴 아로늑계 사바하

옴 아로늑계 사바하

신통한 힘 구족하고 지혜방편 널리 닦아

시방세계 모든 곳에 빠짐없이 나투시니

이에 저희들은 일심으로 절하옵니다.

합격기원 발원문

중생의 자애로운 어버이시며

온 세계의 스승이신 거룩하신 부처님!

온갖 서원으로 하여 지혜 더욱 깊으시고
자비 더욱 한량없어 삼세에 항상 하시고
시방에 충만하신 부처님!
가이없는 지혜와 자비 무량하사 무명의 어
둠을 밝히는 참 등불이 되시고 탐욕과 어
리석음에 빠져있는 저희들을 어여삐 여기
사 다함없는 가피 내려주심을 지극한 마음
으로 찬탄하나이다.
수승하신 원력으로 온 세상을 두루 밝히시
는 지혜의 광명이신 부처님!
발원재자(   )생 (   )이(가) 이
제 간절한 서원을 세워 의지하오니 저희
들의 귀의를 받아주소서.
탐내고 성내고 어리석었던 지난 날의 악업을
지극한 마음으로 머리 숙여 참회하나이다.
무명의 쌓인 업장 수미산보다 높고 무명의
질긴 애착은 사해보다 깊사옵니다.

중생의 온갖 서원 다 섭수하시는 부처님!
이제 다시 지극한 마음으로 발원하오니 어떠한 유혹이나 애착에도 물들지 않는 굳건한 용기 주시옵고 모든 죄업 다 벗어나 깨달음의 길에 들게 하시옵소서.
세상의 모든 악함 물리치게 하시며 온갖 생명의 힘이 되고 의지처가 되게 하옵소서.
그리하여 우리 몸이 광명의 도량이며 우리 마음이 청정한 정토임을 깨닫게 하여 주시옵소서.
거룩하신 부처님!
부처님의 지극하신 가피로 굳건하게 자란 우리 아이들이 입시라는 삶의 한 고비를 맞아 부처님을 의지하고 부처님을 본받아 학업에 열중하고 있사옵니다.
배움과 못 배움이 사람됨의 척도가 될 수 없고 아름다운 삶의 완성이 학력의 유무에

있지 않음을 잘 알고 있사오나 장차 이 나라를 장엄하는 동량이 되고자 함이오니 그 뜻을 섭수하여 주시옵소서.
모든 중생의 복전이며 공덕의 어머니이신 부처님!
발원재자 (   )생 (   )은(는) 불보살님의 구도정신을 본받아 (   ) 대학·(시험) 합격을 위해 정성을 다하여 학업에 매진하여 왔습니다.
오랜 시간 정진해 온 (   )이(가) (   )에 합격토록 하여 성취의 기쁨을 깨닫게 하여 주옵소서.
사대는 강건하고 육근이 청정하며 일체 병고와 미혹이 범접할 수 없도록 하여 주시옵소서. 더불어 불안과 초조함에서 벗어나 평안을 찾게 하시고 막힘에 이르면 문수보살의 혜안으로 천안의 지혜 열어 주시옵소서.

온갖 장애를 딛고 원하는 학업성과 성취케 하여 주시옵고 구경에는 보현보살의 크신 행과 관세음보살의 대자대비 실천케 하시어 이 땅을 불국토로 성취시키는 인연 짓게 하옵소서.

두 손 모아 다시 서원하옵나니 오늘의 이 기도공덕으로 이 땅의 모든 아이들이 바른 중도의 길을 걷게 하옵시고 결코 나쁜 유혹에 빠지지 않도록 하여 주시옵소서.

그리하여 모든 중생들이 부처님의 정토에 들어 지혜롭고 행복한 삶의 기쁨으로 가득 차게 하여 주시옵소서.

나무 석가모니불
나무 석가모니불
나무 시아본사 석가모니불

입시기도발원문

삼귀의

거룩한 부처님께 귀의합니다.

거룩한 가르침에 귀의합니다.

거룩한 스님들께 귀의합니다.

부처님께 아뢰는 글

대자대비하신 부처님이시여!

남섬부주 동양 대한민국 (   )에

거주하는 (   ) 보체가

(   ) 생 (   ) 보체의

(   ) 합격을 기원하며 지극한 정성으

로 예를 올리옵고 헌공 발원하옵나니

대자비를 베푸시어 굽어 살펴주옵소서.

구업을 청정케 하는 진언
수리수리 마하수리 수수리 사바하
수리수리 마하수리 수수리 사바하
수리수리 마하수리 수수리 사바하

오방내외 신중을 편안하게 모시는 진언
나무 사만다 못다남 옴 도로 도로 지미 사바하   나무 사만다 못다남 옴 도로 도로 지미 사바하   나무 사만다 못다남 옴 도로 도로 지미 사바하

경전을 펴는 게송
위없이   심히깊은 미묘한법을
백천만겁 지난들   어찌만나리
제가이제 보고듣고 받아지니니

부처님의 진실한뜻 알아지이다.

법장을 여는 진언
옴 아라남 아라다 옴 아라남 아라다
옴 아라남 아라다

신묘장구대다라니
나모라 다나다라 야야 나막알약 바로기제
새바라야 모지 사다바야 마하 사다바야 마
하가로 니가야 옴 살바 바예수 다라나 가
라야 다사명 나막 가리다바 이맘 알야 바
로기제 새바라 다바 니라간타 나막 하리나
야 마발다 이사미 살발타 사다남 수반아예
염 살바 보다남 바바마라 미수다감 다냐타
옴 아로계 아로가 마지로가 지가란제 혜혜
하례 마하모지 사다바 사마라 사마라 하리
나야 구로구로 갈마 사다야 사다야 도로도

로 미연제 마하미연제 다라다라 다린나례
새바라 자라자라 마라 미마라 아마라 몰
제 예혜혜 로계 새바라 라아 미사미 나사
야 나베 사미사미 나사야 모하자라 미사미
나사야 호로호로 마라호로 하례 바나마 나
바 사라사라 시리시리 소로소로 못쟈못쟈
모다야 모다야 매다리야 니라간타 가마사
날사남 바라 하리나야 마낙 사바하 싣다야
사바하 마하싣다야 사바하 싣다유예 새바
라야 사바하 니라간타야 사바하 바라하 목
카싱하 목카야 사바하 바나마 하따야 사바
하 자가라 욕다야 사바하 샹카섭나녜 모다
나야 사바하 마하라 구타다라야 사바하 바
마사간타 이사시체다 가릿나 이나야 사바
하 먀가라 잘마이바 사나야 사바하
나모라 다나다라 야야 나막알야 바로기제
새바라야 사바하

정근

나무 보문시현 원력홍심 대자대비

구고구난

관세음보살 관세음보살 관세음보살

관세음보살 멸업장진언

옴 아로늑계 사바하 옴 아로늑계 사바하

옴 아로늑계 사바하

신통한 힘 구족하고 지혜방편 널리 닦아

시방세계 모든 곳에 빠짐없이 나투시니

이에 저희들은 일심으로 절하옵니다.

합격기원 발원문

중생의 자애로운 어버이시며

온 세계의 스승이신 거룩하신 부처님!

온갖 서원으로 하여 지혜 더욱 깊으시고 자비 더욱 한량없어 삼세에 항상 하시고 시방에 충만하신 부처님!

가이없는 지혜와 자비 무량하사 무명의 어둠을 밝히는 참 등불이 되시고 탐욕과 어리석음에 빠져있는 저희들을 어여삐 여기사 다함없는 가피 내려주심을 지극한 마음으로 찬탄하나이다.

수승하신 원력으로 온 세상을 두루 밝히시는 지혜의 광명이신 부처님!

발원재자(   )생 (   )이(가) 이제 간절한 서원을 세워 의지하오니 저희들의 귀의를 받아주소서.

탐내고 성내고 어리석었던 지난 날의 악업을 지극한 마음으로 머리 숙여 참회하나이다.

무명의 쌓인 업장 수미산보다 높고 무명의 질긴 애착은 사해보다 깊사옵니다.

중생의 온갖 서원 다 섭수하시는 부처님!
이제 다시 지극한 마음으로 발원하오니 어떠한 유혹이나 애착에도 물들지 않는 굳건한 용기 주시옵고 모든 죄업 다 벗어나 깨달음의 길에 들게 하시옵소서.
세상의 모든 악함 물리치게 하시며 온갖 생명의 힘이 되고 의지처가 되게 하옵소서.
그리하여 우리 몸이 광명의 도량이며 우리 마음이 청정한 정토임을 깨닫게 하여 주시옵소서.
거룩하신 부처님!
부처님의 지극하신 가피로 굳건하게 자란 우리 아이들이 입시라는 삶의 한 고비를 맞아 부처님을 의지하고 부처님을 본받아 학업에 열중하고 있사옵니다.
배움과 못 배움이 사람됨의 척도가 될 수 없고 아름다운 삶의 완성이 학력의 유무에

있지 않음을 잘 알고 있사오나 장차 이 나라를 장엄하는 동량이 되고자 함이오니 그 뜻을 섭수하여 주시옵소서.

모든 중생의 복전이며 공덕의 어머니이신 부처님!

발원재자 (   )생 (   )은(는) 불보살님의 구도정신을 본받아 (   ) 대학·(시험) 합격을 위해 정성을 다하여 학업에 매진하여 왔습니다.

오랜 시간 정진해 온 (   )이(가) (   )에 합격토록 하여 성취의 기쁨을 깨닫게 하여 주옵소서.

사대는 강건하고 육근이 청정하며 일체 병고와 미혹이 범접할 수 없도록 하여 주시옵소서. 더불어 불안과 초조함에서 벗어나 평안을 찾게 하시고 막힘에 이르면 문수보살의 혜안으로 천안의 지혜 열어 주시옵소서.

온갖 장애를 딛고 원하는 학업성과 성취케 하여 주시옵고 구경에는 보현보살의 크신 행과 관세음보살의 대자대비 실천케 하시어 이 땅을 불국토로 성취시키는 인연 짓게 하옵소서.

두 손 모아 다시 서원하옵나니 오늘의 이 기도공덕으로 이 땅의 모든 아이들이 바른 중도의 길을 걷게 하옵시고 결코 나쁜 유혹에 빠지지 않도록 하여 주시옵소서.

그리하여 모든 중생들이 부처님의 정토에 들어 지혜롭고 행복한 삶의 기쁨으로 가득 차게 하여 주시옵소서.

나무 석가모니불
나무 석가모니불
나무 시아본사 석가모니불

입시기도발원문

삼귀의

거룩한 부처님께 귀의합니다.

거룩한 가르침에 귀의합니다.

거룩한 스님들께 귀의합니다.

부처님께 아뢰는 글

대자대비하신 부처님이시여!

남섬부주 동양 대한민국 (   )에

거주하는 (   )보체가

(   )생 (   )보체의

(   ) 합격을 기원하며 지극한 정성으로 예를 올리옵고 헌공 발원하옵나니

대자비를 베푸시어 굽어 살펴주옵소서.

구업을 청정케 하는 진언
수리수리 마하수리 수수리 사바하
수리수리 마하수리 수수리 사바하
수리수리 마하수리 수수리 사바하

오방내외 신중을 편안하게 모시는 진언
나무 사만다 못다남 옴 도로 도로 지미 사바하   나무 사만다 못다남 옴 도로 도로 지미 사바하   나무 사만다 못다남 옴 도로 도로 지미 사바하

경전을 펴는 게송
위없이   심히깊은 미묘한법을
백천만겁 지난들   어찌만나리
제가이제 보고듣고 받아지니니

부처님의 진실한뜻 알아지이다.

법장을 여는 진언
옴 아라남 아라다   옴 아라남 아라다
옴 아라남 아라다

신묘장구대다라니
나모라 다나다라 야야 나막알약 바로기제
새바라야 모지 사다바야 마하 사다바야 마
하가로 니가야 옴 살바 바예수 다라나 가
라야 다사명 나막 가리다바 이맘 알야 바
로기제 새바라 다바 니라간타 나막 하리나
야 마발다 이사미 살발타 사다남 수반아예
염 살바 보다남 바바마라 미수다감 다냐타
옴 아로계 아로가 마지로가 지가란제 혜혜
하례 마하모지 사다바 사마라 사마라 하리
나야 구로구로 갈마 사다야 사다야 도로도

로 미연제 마하미연제 다라다라 다린나례
새바라 자라자라 마라 미마라 아마라 몰
제 예헤헤 로계 새바라 라아 미사미 나사
야 나베 사미사미 나사야 모하자라 미사미
나사야 호로호로 마라호로 하례 바나마 나
바 사라사라 시리시리 소로소로 못쟈못쟈
모다야 모다야 매다리야 니라간타 가마사
날사남 바라 하리나야 마낙 사바하 싣다야
사바하 마하싣다야 사바하 싣다유예 새바
라야 사바하 니라간타야 사바하 바라하 목
카싱하 목카야 사바하 바나마 하따야 사바
하 자가라 욕다야 사바하 상카섭나녜 모다
나야 사바하 마하라 구타다라야 사바하 바
마사간타 이사시체다 가릿나 이나야 사바
하 먀가라 잘마이바 사나야 사바하
나모라 다나다라 야야 나막알야 바로기제
새바라야 사바하

정근

나무 보문시현 원력홍심 대자대비

구고구난

관세음보살 관세음보살 관세음보살

관세음보살 멸업장진언

옴 아로늑계 사바하 옴 아로늑계 사바하

옴 아로늑계 사바하

신통한 힘 구족하고 지혜방편 널리 닦아

시방세계 모든 곳에 빠짐없이 나투시니

이에 저희들은 일심으로 절하옵니다.

합격기원 발원문

중생의 자애로운 어버이시며

온 세계의 스승이신 거룩하신 부처님!

온갖 서원으로 하여 지혜 더욱 깊으시고
자비 더욱 한량없어 삼세에 항상 하시고
시방에 충만하신 부처님!
가이없는 지혜와 자비 무량하사 무명의 어
둠을 밝히는 참 등불이 되시고 탐욕과 어
리석음에 빠져있는 저희들을 어여삐 여기
사 다함없는 가피 내려주심을 지극한 마음
으로 찬탄하나이다.
수승하신 원력으로 온 세상을 두루 밝히시
는 지혜의 광명이신 부처님!
발원재자(   )생 (   )이(가) 이
제 간절한 서원을 세워 의지하오니 저희
들의 귀의를 받아주소서.
탐내고 성내고 어리석었던 지난 날의 악업을
지극한 마음으로 머리 숙여 참회하나이다.
무명의 쌓인 업장 수미산보다 높고 무명의
질긴 애착은 사해보다 깊사옵니다.

중생의 온갖 서원 다 섭수하시는 부처님!
이제 다시 지극한 마음으로 발원하오니 어떠한 유혹이나 애착에도 물들지 않는 굳건한 용기 주시옵고 모든 죄업 다 벗어나 깨달음의 길에 들게 하시옵소서.
세상의 모든 악함 물리치게 하시며 온갖 생명의 힘이 되고 의지처가 되게 하옵소서.
그리하여 우리 몸이 광명의 도량이며 우리 마음이 청정한 정토임을 깨닫게 하여 주시옵소서.
거룩하신 부처님!
부처님의 지극하신 가피로 굳건하게 자란 우리 아이들이 입시라는 삶의 한 고비를 맞아 부처님을 의지하고 부처님을 본받아 학업에 열중하고 있사옵니다.
배움과 못 배움이 사람됨의 척도가 될 수 없고 아름다운 삶의 완성이 학력의 유무에

있지 않음을 잘 알고 있사오나 장차 이 나라를 장엄하는 동량이 되고자 함이오니 그 뜻을 섭수하여 주시옵소서.
모든 중생의 복전이며 공덕의 어머니이신 부처님!
발원재자 (   )생 (   )은(는) 불보살님의 구도정신을 본받아 (   ) 대학·(시험) 합격을 위해 정성을 다하여 학업에 매진하여 왔습니다.
오랜 시간 정진해 온 (   )이(가) (   )에 합격토록 하여 성취의 기쁨을 깨닫게 하여 주옵소서.
사대는 강건하고 육근이 청정하며 일체 병고와 미혹이 범접할 수 없도록 하여 주시옵소서. 더불어 불안과 초조함에서 벗어나 평안을 찾게 하시고 막힘에 이르면 문수보살의 혜안으로 천안의 지혜 열어 주시옵소서.

온갖 장애를 딛고 원하는 학업성과 성취케 하여 주시옵고 구경에는 보현보살의 크신 행과 관세음보살의 대자대비 실천케 하시어 이 땅을 불국토로 성취시키는 인연 짓게 하옵소서.

두 손 모아 다시 서원하옵나니 오늘의 이 기도공덕으로 이 땅의 모든 아이들이 바른 중도의 길을 걷게 하옵시고 결코 나쁜 유혹에 빠지지 않도록 하여 주시옵소서.

그리하여 모든 중생들이 부처님의 정토에 들어 지혜롭고 행복한 삶의 기쁨으로 가득 차게 하여 주시옵소서.

나무 석가모니불
나무 석가모니불
나무 시아본사 석가모니불

입시기도발원문

삼귀의

거룩한 부처님께 귀의합니다.

거룩한 가르침에 귀의합니다.

거룩한 스님들께 귀의합니다.

부처님께 아뢰는 글

대자대비하신 부처님이시여!

남섬부주 동양 대한민국 (　　　　)에

거주하는 (　　　)보체가

(　　)생 (　　　)보체의

(　　　) 합격을 기원하며 지극한 정성으로 예를 올리옵고 헌공 발원하옵나니

대자비를 베푸시어 굽어 살펴주옵소서.

구업을 청정케 하는 진언
수리수리 마하수리 수수리 사바하
수리수리 마하수리 수수리 사바하
수리수리 마하수리 수수리 사바하

오방내외 신중을 편안하게 모시는 진언
나무 사만다 못다남 옴 도로 도로 지미 사바하   나무 사만다 못다남 옴 도로 도로 지미 사바하   나무 사만다 못다남 옴 도로 도로 지미 사바하

경전을 펴는 게송
위없이   심히깊은 미묘한법을
백천만겁 지난들   어찌만나리
제가이제 보고듣고 받아지니니

부처님의 진실한뜻 알아지이다.

법장을 여는 진언
옴 아라남 아라다 옴 아라남 아라다
옴 아라남 아라다

신묘장구대다라니
나모라 다나다라 야야 나막알약 바로기제
새바라야 모지 사다바야 마하 사다바야 마
하가로 니가야 옴 살바 바예수 다라나 가
라야 다사명 나막 가리다바 이맘 알야 바
로기제 새바라 다바 니라간타 나막 하리나
야 마발다 이사미 살발타 사다남 수반아예
염 살바 보다남 바바마라 미수다감 다냐타
옴 아로계 아로가 마지로가 지가란제 혜혜
하례 마하모지 사다바 사마라 사마라 하리
나야 구로구로 갈마 사다야 사다야 도로도

로 미연제 마하미연제 다라다라 다린나례
새바라 자라자라 마라 미마라 아마라 몰
제 예혜혜 로계 새바라 라아 미사미 나사
야 나베 사미사미 나사야 모하자라 미사미
나사야 호로호로 마라호로 하례 바나마 나
바 사라사라 시리시리 소로소로 못쟈못쟈
모다야 모다야 매다리야 니라간타 가마사
날사남 바라 하리나야 마낙 사바하 싣다야
사바하 마하싣다야 사바하 싣다유예 새바
라야 사바하 니라간타야 사바하 바라하 목
카싱하 목카야 사바하 바나마 하따야 사바
하 자가라 욕다야 사바하 상카섭나녜 모다
나야 사바하 마하라 구타다라야 사바하 바
마사간타 이사시체다 가릿나 이나야 사바
하 먀가라 잘마이바 사나야 사바하
나모라 다나다라 야야 나막알야 바로기제
새바라야 사바하

정근

나무 보문시현 원력홍심 대자대비

구고구난

관세음보살 관세음보살 관세음보살

관세음보살 멸업장진언

옴 아로늑계 사바하　옴 아로늑계 사바하

옴 아로늑계 사바하

신통한 힘 구족하고 지혜방편 널리 닦아

시방세계 모든 곳에 빠짐없이 나투시니

이에 저희들은 일심으로 절하옵니다.

합격기원 발원문

중생의 자애로운 어버이시며

온 세계의 스승이신 거룩하신 부처님!

온갖 서원으로 하여 지혜 더욱 깊으시고
자비 더욱 한량없어 삼세에 항상 하시고
시방에 충만하신 부처님!
가이없는 지혜와 자비 무량하사 무명의 어
둠을 밝히는 참 등불이 되시고 탐욕과 어
리석음에 빠져있는 저희들을 어여삐 여기
사 다함없는 가피 내려주심을 지극한 마음
으로 찬탄하나이다.
수승하신 원력으로 온 세상을 두루 밝히시
는 지혜의 광명이신 부처님!
발원재자 (   ) 생 (   ) 이(가) 이
제 간절한 서원을 세워 의지하오니 저희
들의 귀의를 받아주소서.
탐내고 성내고 어리석었던 지난 날의 악업을
지극한 마음으로 머리 숙여 참회하나이다.
무명의 쌓인 업장 수미산보다 높고 무명의
질긴 애착은 사해보다 깊사옵니다.

중생의 온갖 서원 다 섭수하시는 부처님!
이제 다시 지극한 마음으로 발원하오니 어떠한 유혹이나 애착에도 물들지 않는 굳건한 용기 주시옵고 모든 죄업 다 벗어나 깨달음의 길에 들게 하시옵소서.
세상의 모든 악함 물리치게 하시며 온갖 생명의 힘이 되고 의지처가 되게 하옵소서.
그리하여 우리 몸이 광명의 도량이며 우리 마음이 청정한 정토임을 깨닫게 하여 주시옵소서.
거룩하신 부처님!
부처님의 지극하신 가피로 굳건하게 자란 우리 아이들이 입시라는 삶의 한 고비를 맞아 부처님을 의지하고 부처님을 본받아 학업에 열중하고 있사옵니다.
배움과 못 배움이 사람됨의 척도가 될 수 없고 아름다운 삶의 완성이 학력의 유무에

있지 않음을 잘 알고 있사오나 장차 이 나라를 장엄하는 동량이 되고자 함이오니 그 뜻을 섭수하여 주시옵소서.

모든 중생의 복전이며 공덕의 어머니이신 부처님!

발원재자 (   )생 (   )은(는) 불보살님의 구도정신을 본받아 (   ) 대학·(시험) 합격을 위해 정성을 다하여 학업에 매진하여 왔습니다.

오랜 시간 정진해 온 (   )이(가) (   )에 합격토록 하여 성취의 기쁨을 깨닫게 하여 주옵소서.

사대는 강건하고 육근이 청정하며 일체 병고와 미혹이 범접할 수 없도록 하여 주시옵소서. 더불어 불안과 초조함에서 벗어나 평안을 찾게 하시고 막힘에 이르면 문수보살의 혜안으로 천안의 지혜 열어 주시옵소서.

온갖 장애를 딛고 원하는 학업성과 성취케 하여 주시옵고 구경에는 보현보살의 크신 행과 관세음보살의 대자대비 실천케 하시어 이 땅을 불국토로 성취시키는 인연 짓게 하옵소서.

두 손 모아 다시 서원하옵나니 오늘의 이 기도공덕으로 이 땅의 모든 아이들이 바른 중도의 길을 걷게 하옵시고 결코 나쁜 유혹에 빠지지 않도록 하여 주시옵소서.

그리하여 모든 중생들이 부처님의 정토에 들어 지혜롭고 행복한 삶의 기쁨으로 가득차게 하여 주시옵소서.

나무 석가모니불
나무 석가모니불
나무 시아본사 석가모니불

입시기도발원문

삼귀의

거룩한 부처님께 귀의합니다.

거룩한 가르침에 귀의합니다.

거룩한 스님들께 귀의합니다.

부처님께 아뢰는 글

대자대비하신 부처님이시여!

남섬부주 동양 대한민국 (   )에

거주하는 (   ) 보체가

(   ) 생 (   ) 보체의

(   ) 합격을 기원하며 지극한 정성으

로 예를 올리옵고 헌공 발원하옵나니

대자비를 베푸시어 굽어 살펴주옵소서.

구업을 청정케 하는 진언
수리수리 마하수리 수수리 사바하
수리수리 마하수리 수수리 사바하
수리수리 마하수리 수수리 사바하

오방내외 신중을 편안하게 모시는 진언
나무 사만다 못다남 옴 도로 도로 지미 사바하   나무 사만다 못다남 옴 도로 도로 지미 사바하   나무 사만다 못다남 옴 도로 도로 지미 사바하

경전을 펴는 게송
위없이   심히깊은 미묘한법을
백천만겁 지난들   어찌만나리
제가이제 보고듣고 받아지니니

부처님의 진실한뜻 알아지이다.

법장을 여는 진언
옴 아라남 아라다   옴 아라남 아라다
옴 아라남 아라다

신묘장구대다라니
나모라 다나다라 야야 나막알약 바로기제
새바라야 모지 사다바야 마하 사다바야 마
하가로 니가야 옴 살바 바예수 다라나 가
라야 다사명 나막 가리다바 이맘 알야 바
로기제 새바라 다바 니라간타 나막 하리나
야 마발다 이사미 살발타 사다남 수반아예
염 살바 보다남 바바마라 미수다감 다냐타
옴 아로계 아로가 마지로가 지가란제 혜혜
하례 마하모지 사다바 사마라 사마라 하리
나야 구로구로 갈마 사다야 사다야 도로도

로 미연제 마하미연제 다라다라 다린나례
새바라 자라자라 마라 미마라 아마라 몰
제 예혜혜 로계 새바라 라아 미사미 나사
야 나베 사미사미 나사야 모하자라 미사미
나사야 호로호로 마라호로 하례 바나마 나
바 사라사라 시리시리 소로소로 못쟈못쟈
모다야 모다야 매다리야 니라간타 가마사
날사남 바라 하리나야 마낙 사바하 싣다야
사바하 마하싣다야 사바하 싣다유예 새바
라야 사바하 니라간타야 사바하 바라하 목
카싱하 목카야 사바하 바나마 하따야 사바
하 자가라 욕다야 사바하 상카섭나녜 모다
나야 사바하 마하라 구타다라야 사바하 바
마사간타 이사시체다 가릿나 이나야 사바
하 먀가라 잘마이바 사나야 사바하
나모라 다나다라 야야 나막알야 바로기제
새바라야 사바하

정근

나무 보문시현 원력홍심 대자대비

구고구난

관세음보살 관세음보살 관세음보살

관세음보살 멸업장진언

옴 아로늑계 사바하   옴 아로늑계 사바하

옴 아로늑계 사바하

신통한 힘 구족하고 지혜방편 널리 닦아

시방세계 모든 곳에 빠짐없이 나투시니

이에 저희들은 일심으로 절하옵니다.

합격기원 발원문

중생의 자애로운 어버이시며

온 세계의 스승이신 거룩하신 부처님!

온갖 서원으로 하여 지혜 더욱 깊으시고 자비 더욱 한량없어 삼세에 항상 하시고 시방에 충만하신 부처님!

가이없는 지혜와 자비 무량하사 무명의 어둠을 밝히는 참 등불이 되시고 탐욕과 어리석음에 빠져있는 저희들을 어여삐 여기사 다함없는 가피 내려주심을 지극한 마음으로 찬탄하나이다.

수승하신 원력으로 온 세상을 두루 밝히시는 지혜의 광명이신 부처님!

발원재자(   )생 (   )이(가) 이제 간절한 서원을 세워 의지하오니 저희들의 귀의를 받아주소서.

탐내고 성내고 어리석었던 지난 날의 악업을 지극한 마음으로 머리 숙여 참회하나이다.

무명의 쌓인 업장 수미산보다 높고 무명의 질긴 애착은 사해보다 깊사옵니다.

중생의 온갖 서원 다 섭수하시는 부처님!
이제 다시 지극한 마음으로 발원하오니 어떠한 유혹이나 애착에도 물들지 않는 굳건한 용기 주시옵고 모든 죄업 다 벗어나 깨달음의 길에 들게 하시옵소서.
세상의 모든 악함 물리치게 하시며 온갖 생명의 힘이 되고 의지처가 되게 하옵소서.
그리하여 우리 몸이 광명의 도량이며 우리 마음이 청정한 정토임을 깨닫게 하여 주시옵소서.
거룩하신 부처님!
부처님의 지극하신 가피로 굳건하게 자란 우리 아이들이 입시라는 삶의 한 고비를 맞아 부처님을 의지하고 부처님을 본받아 학업에 열중하고 있사옵니다.
배움과 못 배움이 사람됨의 척도가 될 수 없고 아름다운 삶의 완성이 학력의 유무에

있지 않음을 잘 알고 있사오나 장차 이 나라를 장엄하는 동량이 되고자 함이오니 그 뜻을 섭수하여 주시옵소서.

모든 중생의 복전이며 공덕의 어머니이신 부처님!

발원재자 (   )생 (   )은(는) 불보살님의 구도정신을 본받아 (   ) 대학·(시험) 합격을 위해 정성을 다하여 학업에 매진하여 왔습니다.

오랜 시간 정진해 온 (   )이(가) (   )에 합격토록 하여 성취의 기쁨을 깨닫게 하여 주옵소서.

사대는 강건하고 육근이 청정하며 일체 병고와 미혹이 범접할 수 없도록 하여 주시옵소서. 더불어 불안과 초조함에서 벗어나 평안을 찾게 하시고 막힘에 이르면 문수보살의 혜안으로 천안의 지혜 열어 주시옵소서.

온갖 장애를 딛고 원하는 학업성과 성취케 하여 주시옵고 구경에는 보현보살의 크신 행과 관세음보살의 대자대비 실천케 하시어 이 땅을 불국토로 성취시키는 인연 짓게 하옵소서.

두 손 모아 다시 서원하옵나니 오늘의 이 기도공덕으로 이 땅의 모든 아이들이 바른 중도의 길을 걷게 하옵시고 결코 나쁜 유혹에 빠지지 않도록 하여 주시옵소서.

그리하여 모든 중생들이 부처님의 정토에 들어 지혜롭고 행복한 삶의 기쁨으로 가득 차게 하여 주시옵소서.

나무 석가모니불
나무 석가모니불
나무 시아본사 석가모니불

입시기도발원문

삼귀의

거룩한 부처님께 귀의합니다.

거룩한 가르침에 귀의합니다.

거룩한 스님들께 귀의합니다.

부처님께 아뢰는 글

대자대비하신 부처님이시여!

남섬부주 동양 대한민국 (   )에

거주하는 (   ) 보체가

(   ) 생 (   ) 보체의

(   ) 합격을 기원하며 지극한 정성으

로 예를 올리옵고 헌공 발원하옵나니

대자비를 베푸시어 굽어 살펴주옵소서.

구업을 청정케 하는 진언
수리수리 마하수리 수수리 사바하
수리수리 마하수리 수수리 사바하
수리수리 마하수리 수수리 사바하

오방내외 신중을 편안하게 모시는 진언
나무 사만다 못다남 옴 도로 도로 지미 사바하   나무 사만다 못다남 옴 도로 도로 지미 사바하   나무 사만다 못다남 옴 도로 도로 지미 사바하

경전을 펴는 게송
위없이   심히깊은 미묘한법을
백천만겁 지난들   어찌만나리
제가이제 보고듣고 받아지니니

부처님의 진실한뜻 알아지이다.

법장을 여는 진언
옴 아라남 아라다 옴 아라남 아라다
옴 아라남 아라다

신묘장구대다라니
나모라 다나다라 야야 나막알약 바로기제
새바라야 모지 사다바야 마하 사다바야 마
하가로 니가야 옴 살바 바예수 다라나 가
라야 다사명 나막 가리다바 이맘 알야 바
로기제 새바라 다바 니라간타 나막 하리나
야 마발다 이사미 살발타 사다남 수반아예
염 살바 보다남 바바마라 미수다감 다냐타
옴 아로계 아로가 마지로가 지가란제 혜혜
하례 마하모지 사다바 사마라 사마라 하리
나야 구로구로 갈마 사다야 사다야 도로도

로 미연제 마하미연제 다라다라 다린나례
새바라 자라자라 마라 미마라 아마라 몰
제 예혜혜 로계 새바라 라아 미사미 나사
야 나베 사미사미 나사야 모하자라 미사미
나사야 호로호로 마라호로 하례 바나마 나
바 사라사라 시리시리 소로소로 못쟈못쟈
모다야 모다야 매다리야 니라간타 가마사
날사남 바라 하리나야 마낙 사바하 싣다야
사바하 마하싣다야 사바하 싣다유예 새바
라야 사바하 니라간타야 사바하 바라하 목
카싱하 목카야 사바하 바나마 하따야 사바
하 자가라 욕다야 사바하 샹카섭나녜 모다
나야 사바하 마하라 구타다라야 사바하 바
마사간타 이사시체다 가릿나 이나야 사바
하 먀가라 잘마이바 사나야 사바하
나모라 다나다라 야야 나막알야 바로기제
새바라야 사바하

정근

나무 보문시현 원력홍심 대자대비

구고구난

관세음보살 관세음보살 관세음보살

관세음보살 멸업장진언

옴 아로늑계 사바하   옴 아로늑계 사바하

옴 아로늑계 사바하

신통한 힘 구족하고 지혜방편 널리 닦아

시방세계 모든 곳에 빠짐없이 나투시니

이에 저희들은 일심으로 절하옵니다.

합격기원 발원문

중생의 자애로운 어버이시며

온 세계의 스승이신 거룩하신 부처님!

온갖 서원으로 하여 지혜 더욱 깊으시고 자비 더욱 한량없어 삼세에 항상 하시고 시방에 충만하신 부처님!

가이없는 지혜와 자비 무량하사 무명의 어둠을 밝히는 참 등불이 되시고 탐욕과 어리석음에 빠져있는 저희들을 어여삐 여기사 다함없는 가피 내려주심을 지극한 마음으로 찬탄하나이다.

수승하신 원력으로 온 세상을 두루 밝히시는 지혜의 광명이신 부처님!

발원재자(   )생 (   )이(가) 이제 간절한 서원을 세워 의지하오니 저희들의 귀의를 받아주소서.

탐내고 성내고 어리석었던 지난 날의 악업을 지극한 마음으로 머리 숙여 참회하나이다.

무명의 쌓인 업장 수미산보다 높고 무명의 질긴 애착은 사해보다 깊사옵니다.

중생의 온갖 서원 다 섭수하시는 부처님!
이제 다시 지극한 마음으로 발원하오니 어떠한 유혹이나 애착에도 물들지 않는 굳건한 용기 주시옵고 모든 죄업 다 벗어나 깨달음의 길에 들게 하시옵소서.
세상의 모든 악함 물리치게 하시며 온갖 생명의 힘이 되고 의지처가 되게 하옵소서.
그리하여 우리 몸이 광명의 도량이며 우리 마음이 청정한 정토임을 깨닫게 하여 주시옵소서.
거룩하신 부처님!
부처님의 지극하신 가피로 굳건하게 자란 우리 아이들이 입시라는 삶의 한 고비를 맞아 부처님을 의지하고 부처님을 본받아 학업에 열중하고 있사옵니다.
배움과 못 배움이 사람됨의 척도가 될 수 없고 아름다운 삶의 완성이 학력의 유무에

있지 않음을 잘 알고 있사오나 장차 이 나라를 장엄하는 동량이 되고자 함이오니 그 뜻을 섭수하여 주시옵소서.

모든 중생의 복전이며 공덕의 어머니이신 부처님!

발원재자 (　　)생 (　　　　)은(는) 불보살님의 구도정신을 본받아 (　　　　) 대학·(　　　시험) 합격을 위해 정성을 다하여 학업에 매진하여 왔습니다.

오랜 시간 정진해 온 (　　　　)이(가) (　　　)에 합격토록 하여 성취의 기쁨을 깨닫게 하여 주옵소서.

사대는 강건하고 육근이 청정하며 일체 병고와 미혹이 범접할 수 없도록 하여 주시옵소서. 더불어 불안과 초조함에서 벗어나 평안을 찾게 하시고 막힘에 이르면 문수보살의 혜안으로 천안의 지혜 열어 주시옵소서.

온갖 장애를 딛고 원하는 학업성과 성취케 하여 주시옵고 구경에는 보현보살의 크신 행과 관세음보살의 대자대비 실천케 하시어 이 땅을 불국토로 성취시키는 인연 짓게 하옵소서.

두 손 모아 다시 서원하옵나니 오늘의 이 기도공덕으로 이 땅의 모든 아이들이 바른 중도의 길을 걷게 하옵시고 결코 나쁜 유혹에 빠지지 않도록 하여 주시옵소서.

그리하여 모든 중생들이 부처님의 정도에 들어 지혜롭고 행복한 삶의 기쁨으로 가득 차게 하여 주시옵소서.

나무 석가모니불
나무 석가모니불
나무 시아본사 석가모니불

입시기도발원문

삼귀의

거룩한 부처님께 귀의합니다.

거룩한 가르침에 귀의합니다.

거룩한 스님들께 귀의합니다.

부처님께 아뢰는 글

대자대비하신 부처님이시여!

남섬부주 동양 대한민국 (   )에

거주하는 (   ) 보체가

(   ) 생 (   ) 보체의

(   ) 합격을 기원하며 지극한 정성으로 예를 올리옵고 헌공 발원하옵나니

대자비를 베푸시어 굽어 살펴주옵소서.

구업을 청정케 하는 진언
수리수리 마하수리 수수리 사바하
수리수리 마하수리 수수리 사바하
수리수리 마하수리 수수리 사바하

오방내외 신중을 편안하게 모시는 진언
나무 사만다 못다남 옴 도로 도로 지미 사바하   나무 사만다 못다남 옴 도로 도로 지미 사바하   나무 사만다 못다남 옴 도로 도로 지미 사바하

경전을 펴는 게송
위없이   심히깊은 미묘한법을
백천만겁 지난들   어찌만나리
제가이제 보고듣고 받아지니니

부처님의 진실한뜻 알아지이다.

법장을 여는 진언
옴 아라남 아라다 옴 아라남 아라다
옴 아라남 아라다

신묘장구대다라니
나모라 다나다라 야야 나막알약 바로기제
새바라야 모지 사다바야 마하 사다바야 마
하가로 니가야 옴 살바 바예수 다라나 가
라야 다사명 나막 가리다바 이맘 알야 바
로기제 새바라 다바 니라간타 나막 하리나
야 마발다 이사미 살발타 사다남 수반아예
염 살바 보다남 바바마라 미수다감 다냐타
옴 아로계 아로가 마지로가 지가란제 혜혜
하례 마하모지 사다바 사마라 사마라 하리
나야 구로구로 갈마 사다야 사다야 도로도

로 미연제 마하미연제 다라다라 다린나례
새바라 자라자라 마라 미마라 아마라 몰
제 예혜혜 로계 새바라 라아 미사미 나사
야 나베 사미사미 나사야 모하자라 미사미
나사야 호로호로 마라호로 하례 바나마 나
바 사라사라 시리시리 소로소로 못쟈못쟈
모다야 모다야 매다리야 니라간타 가마사
날사남 바라 하리나야 마낙 사바하 싣다야
사바하 마하싣다야 사바하 싣다유예 새바
라야 사바하 니라간타야 사바하 바라하 목
카싱하 목카야 사바하 바나마 하따야 사바
하 자가라 욕다야 사바하 상카섭나녜 모다
나야 사바하 마하라 구타다라야 사바하 바
마사간타 이사시체다 가릿나 이나야 사바
하 먀가라 잘마이바 사나야 사바하
나모라 다나다라 야야 나막알야 바로기제
새바라야 사바하

정근

나무 보문시현 원력홍심 대자대비
구고구난
관세음보살 관세음보살 관세음보살

관세음보살 멸업장진언
옴 아로늑계 사바하　옴 아로늑계 사바하
옴 아로늑계 사바하

신통한 힘 구족하고 지혜방편 널리 닦아
시방세계 모든 곳에 빠짐없이 나투시니
이에 저희들은 일심으로 절하옵니다.

합격기원 발원문

중생의 자애로운 어버이시며
온 세계의 스승이신 거룩하신 부처님!

온갖 서원으로 하여 지혜 더욱 깊으시고 자비 더욱 한량없어 삼세에 항상 하시고 시방에 충만하신 부처님!
가이없는 지혜와 자비 무량하사 무명의 어둠을 밝히는 참 등불이 되시고 탐욕과 어리석음에 빠져있는 저희들을 어여삐 여기사 다함없는 가피 내려주심을 지극한 마음으로 찬탄하나이다.
수승하신 원력으로 온 세상을 두루 밝히시는 지혜의 광명이신 부처님!
발원재자( )생 ( )이(가) 이제 간절한 서원을 세워 의지하오니 저희들의 귀의를 받아주소서.
탐내고 성내고 어리석었던 지난 날의 악업을 지극한 마음으로 머리 숙여 참회하나이다.
무명의 쌓인 업장 수미산보다 높고 무명의 질긴 애착은 사해보다 깊사옵니다.

중생의 온갖 서원 다 섭수하시는 부처님!
이제 다시 지극한 마음으로 발원하오니 어떠한 유혹이나 애착에도 물들지 않는 굳건한 용기 주시옵고 모든 죄업 다 벗어나 깨달음의 길에 들게 하시옵소서.
세상의 모든 악함 물리치게 하시며 온갖 생명의 힘이 되고 의지처가 되게 하옵소서.
그리하여 우리 몸이 광명의 도량이며 우리 마음이 청정한 정토임을 깨닫게 하여 주시옵소서.
거룩하신 부처님!
부처님의 지극하신 가피로 굳건하게 자란 우리 아이들이 입시라는 삶의 한 고비를 맞아 부처님을 의지하고 부처님을 본받아 학업에 열중하고 있사옵니다.
배움과 못 배움이 사람됨의 척도가 될 수 없고 아름다운 삶의 완성이 학력의 유무에

있지 않음을 잘 알고 있사오나 장차 이 나라를 장엄하는 동량이 되고자 함이오니 그 뜻을 섭수하여 주시옵소서.

모든 중생의 복전이며 공덕의 어머니이신 부처님!

발원재자 (   )생 (   )은(는) 불보살님의 구도정신을 본받아 (   ) 대학·(시험) 합격을 위해 정성을 다하여 학업에 매진하여 왔습니다.

오랜 시간 정진해 온 (   )이(가) (   )에 합격토록 하여 성취의 기쁨을 깨닫게 하여 주옵소서.

사대는 강건하고 육근이 청정하며 일체 병고와 미혹이 범접할 수 없도록 하여 주시옵소서. 더불어 불안과 초조함에서 벗어나 평안을 찾게 하시고 막힘에 이르면 문수보살의 혜안으로 천안의 지혜 열어 주시옵소서.

온갖 장애를 딛고 원하는 학업성과 성취케 하여 주시옵고 구경에는 보현보살의 크신 행과 관세음보살의 대자대비 실천케 하시어 이 땅을 불국토로 성취시키는 인연 짓게 하옵소서.

두 손 모아 다시 서원하옵나니 오늘의 이 기도공덕으로 이 땅의 모든 아이들이 바른 중도의 길을 걷게 하옵시고 결코 나쁜 유혹에 빠지지 않도록 하여 주시옵소서.

그리하여 모든 중생들이 부처님의 정토에 들어 지혜롭고 행복한 삶의 기쁨으로 가득 차게 하여 주시옵소서.

나무 석가모니불
나무 석가모니불
나무 시아본사 석가모니불

입시기도발원문

삼귀의

거룩한 부처님께 귀의합니다.

거룩한 가르침에 귀의합니다.

거룩한 스님들께 귀의합니다.

부처님께 아뢰는 글

대자대비하신 부처님이시여!

남섬부주 동양 대한민국 (   )에

거주하는 (   ) 보체가

(   ) 생 (   ) 보체의

(   ) 합격을 기원하며 지극한 정성으

로 예를 올리옵고 헌공 발원하옵나니

대자비를 베푸시어 굽어 살펴주옵소서.

구업을 청정케 하는 진언
수리수리 마하수리 수수리 사바하
수리수리 마하수리 수수리 사바하
수리수리 마하수리 수수리 사바하

오방내외 신중을 편안하게 모시는 진언
나무 사만다 못다남 옴 도로 도로 지미 사바하   나무 사만다 못다남 옴 도로 도로 지미 사바하   나무 사만다 못다남 옴 도로 도로 지미 사바하

경전을 펴는 게송
위없이   심히깊은 미묘한법을
백천만겁 지난들   어찌만나리
제가이제 보고듣고 받아지니니

부처님의 진실한뜻 알아지이다.

법장을 여는 진언
옴 아라남 아라다   옴 아라남 아라다
옴 아라남 아라다

신묘장구대다라니
나모라 다나다라 야야 나막알약 바로기제
새바라야 모지 사다바야 마하 사다바야 마
하가로 니가야 옴 살바 바예수 다라나 가
라야 다사명 나막 가리다바 이맘 알야 바
로기제 새바라 다바 니라간타 나막 하리나
야 마발다 이사미 살발타 사다남 수반아예
염 살바 보다남 바바마라 미수다감 다냐타
옴 아로계 아로가 마지로가 지가란제 혜혜
하례 마하모지 사다바 사마라 사마라 하리
나야 구로구로 갈마 사다야 사다야 도로도

로 미연제 마하미연제 다라다라 다린나례
새바라 자라자라 마라 미마라 아마라 몰
제 예혜혜 로계 새바라 라아 미사미 나사
야 나베 사미사미 나사야 모하자라 미사미
나사야 호로호로 마라호로 하례 바나마 나
바 사라사라 시리시리 소로소로 못쟈못쟈
모다야 모다야 매다리야 니라간타 가마사
날사남 바라 하리나야 마낙 사바하 싣다야
사바하 마하싣다야 사바하 싣다유예 새바
라야 사바하 니라간타야 사바하 바라하 목
카싱하 목카야 사바하 바나마 하따야 사바
하 자가라 욕다야 사바하 상카섭나녜 모다
나야 사바하 마하라 구타다라야 사바하 바
마사간타 이사시체다 가릿나 이나야 사바
하 먀가라 잘마이바 사나야 사바하
나모라 다나다라 야야 나막알야 바로기제
새바라야 사바하

정근

나무 보문시현 원력홍심 대자대비

구고구난

관세음보살 관세음보살 관세음보살

관세음보살 멸업장진언

옴 아로늑계 사바하 옴 아로늑계 사바하

옴 아로늑계 사바하

신통한 힘 구족하고 지혜방편 널리 닦아

시방세계 모든 곳에 빠짐없이 나투시니

이에 저희들은 일심으로 절하옵니다.

합격기원 발원문

중생의 자애로운 어버이시며

온 세계의 스승이신 거룩하신 부처님!

온갖 서원으로 하여 지혜 더욱 깊으시고 자비 더욱 한량없어 삼세에 항상 하시고 시방에 충만하신 부처님!

가이없는 지혜와 자비 무량하사 무명의 어둠을 밝히는 참 등불이 되시고 탐욕과 어리석음에 빠져있는 저희들을 어여삐 여기사 다함없는 가피 내려주심을 지극한 마음으로 찬탄하나이다.

수승하신 원력으로 온 세상을 두루 밝히시는 지혜의 광명이신 부처님!

발원제자(   )생 (   )이(가) 이제 간절한 서원을 세워 의지하오니 저희들의 귀의를 받아주소서.

탐내고 성내고 어리석었던 지난 날의 악업을 지극한 마음으로 머리 숙여 참회하나이다.

무명의 쌓인 업장 수미산보다 높고 무명의 질긴 애착은 사해보다 깊사옵니다.

중생의 온갖 서원 다 섭수하시는 부처님!
이제 다시 지극한 마음으로 발원하오니 어떠한 유혹이나 애착에도 물들지 않는 굳건한 용기 주시옵고 모든 죄업 다 벗어나 깨달음의 길에 들게 하시옵소서.
세상의 모든 악함 물리치게 하시며 온갖 생명의 힘이 되고 의지처가 되게 하옵소서.
그리하여 우리 몸이 광명의 도량이며 우리 마음이 청정한 정토임을 깨닫게 하여 주시옵소서.
거룩하신 부처님!
부처님의 지극하신 가피로 굳건하게 자란 우리 아이들이 입시라는 삶의 한 고비를 맞아 부처님을 의지하고 부처님을 본받아 학업에 열중하고 있사옵니다.
배움과 못 배움이 사람됨의 척도가 될 수 없고 아름다운 삶의 완성이 학력의 유무에

있지 않음을 잘 알고 있사오나 장차 이 나라를 장엄하는 동량이 되고자 함이오니 그 뜻을 섭수하여 주시옵소서.

모든 중생의 복전이며 공덕의 어머니이신 부처님!

발원재자 (   )생 (   )은(는) 불보살님의 구도정신을 본받아 (   ) 대학·(시험) 합격을 위해 정성을 다하여 학업에 매진하여 왔습니다.

오랜 시간 정진해 온 (   )이(가) (   )에 합격토록 하여 성취의 기쁨을 깨닫게 하여 주옵소서.

사대는 강건하고 육근이 청정하며 일체 병고와 미혹이 범접할 수 없도록 하여 주시옵소서. 더불어 불안과 초조함에서 벗어나 평안을 찾게 하시고 막힘에 이르면 문수보살의 혜안으로 천안의 지혜 열어 주시옵소서.

온갖 장애를 딛고 원하는 학업성과 성취케 하여 주시옵고 구경에는 보현보살의 크신 행과 관세음보살의 대자대비 실천케 하시어 이 땅을 불국토로 성취시키는 인연 짓게 하옵소서.

두 손 모아 다시 서원하옵나니 오늘의 이 기도공덕으로 이 땅의 모든 아이들이 바른 중도의 길을 걷게 하옵시고 결코 나쁜 유혹에 빠지지 않도록 하여 주시옵소서.

그리하여 모든 중생들이 부처님의 정토에 들어 지혜롭고 행복한 삶의 기쁨으로 가득 차게 하여 주시옵소서.

나무 석가모니불
나무 석가모니불
나무 시아본사 석가모니불

입시기도발원문

삼귀의

거룩한 부처님께 귀의합니다.

거룩한 가르침에 귀의합니다.

거룩한 스님들께 귀의합니다.

부처님께 아뢰는 글

대자대비하신 부처님이시여!

남섬부주 동양 대한민국 (　　　　)에

거주하는 (　　　) 보체가

(　　) 생 (　　　　) 보체의

(　　　) 합격을 기원하며 지극한 정성으

로 예를 올리옵고 헌공 발원하옵나니

대자비를 베푸시어 굽어 살펴주옵소서.

구업을 청정케 하는 진언
수리수리 마하수리 수수리 사바하
수리수리 마하수리 수수리 사바하
수리수리 마하수리 수수리 사바하

오방내외 신중을 편안하게 모시는 진언
나무 사만다 못다남 옴 도로 도로 지미 사바하   나무 사만다 못다남 옴 도로 도로 지미 사바하   나무 사만다 못다남 옴 도로 도로 지미 사바하

경전을 펴는 게송
위없이   심히깊은 미묘한법을
백천만겁 지난들   어찌만나리
제가이제 보고듣고 받아지니니

부처님의 진실한뜻 알아지이다.

법장을 여는 진언
옴 아라남 아라다 옴 아라남 아라다
옴 아라남 아라다

신묘장구대다라니
나모라 다나다라 야야 나막알약 바로기제
새바라야 모지 사다바야 마하 사다바야 마
하가로 니가야 옴 살바 바예수 다라나 가
라야 다사명 나막 가리다바 이맘 알야 바
로기제 새바라 다바 니라간타 나막 하리나
야 마발다 이사미 살발타 사다남 수반아예
염 살바 보다남 바바마라 미수다감 다냐타
옴 아로계 아로가 마지로가 지가란제 혜혜
하례 마하모지 사다바 사마라 사마라 하리
나야 구로구로 갈마 사다야 사다야 도로도

로 미연제 마하미연제 다라다라 다린나례
새바라 자라자라 마라 미마라 아마라 몰
제 예혜혜 로계 새바라 라아 미사미 나사
야 나베 사미사미 나사야 모하자라 미사미
나사야 호로호로 마라호로 하례 바나마 나
바 사라사라 시리시리 소로소로 못쟈못쟈
모다야 모다야 매다리야 니라간타 가마사
날사남 바라 하리나야 마낙 사바하 싣다야
사바하 마하싣다야 사바하 싣다유예 새바
라야 사바하 니라간타야 사바하 바라하 목
카싱하 목카야 사바하 바나마 하따야 사바
하 자가라 욕다야 사바하 상카섭나녜 모다
나야 사바하 마하라 구타다라야 사바하 바
마사간타 이사시체다 가릿나 이나야 사바
하 먀가라 잘마이바 사나야 사바하
나모라 다나다라 야야 나막알야 바로기제
새바라야 사바하

정근

나무 보문시현 원력홍심 대자대비

구고구난

관세음보살 관세음보살 관세음보살

관세음보살 멸업장진언

옴 아로늑계 사바하 옴 아로늑계 사바하

옴 아로늑계 사바하

신통한 힘 구족하고 지혜방편 널리 닦아

시방세계 모든 곳에 빠짐없이 나투시니

이에 저희들은 일심으로 절하옵니다.

합격기원 발원문

중생의 자애로운 어버이시며

온 세계의 스승이신 거룩하신 부처님!

온갖 서원으로 하여 지혜 더욱 깊으시고 자비 더욱 한량없어 삼세에 항상 하시고 시방에 충만하신 부처님!
가이없는 지혜와 자비 무량하사 무명의 어둠을 밝히는 참 등불이 되시고 탐욕과 어리석음에 빠져있는 저희들을 어여삐 여기사 다함없는 가피 내려주심을 지극한 마음으로 찬탄하나이다.
수승하신 원력으로 온 세상을 두루 밝히시는 지혜의 광명이신 부처님!
발원재자( )생 ( )이(가) 이제 간절한 서원을 세워 의지하오니 저희들의 귀의를 받아주소서.
탐내고 성내고 어리석었던 지난 날의 악업을 지극한 마음으로 머리 숙여 참회하나이다.
무명의 쌓인 업장 수미산보다 높고 무명의 질긴 애착은 사해보다 깊사옵니다.

중생의 온갖 서원 다 섭수하시는 부처님!
이제 다시 지극한 마음으로 발원하오니 어떠한 유혹이나 애착에도 물들지 않는 굳건한 용기 주시옵고 모든 죄업 다 벗어나 깨달음의 길에 들게 하시옵소서.
세상의 모든 악함 물리치게 하시며 온갖 생명의 힘이 되고 의지처가 되게 하옵소서.
그리하여 우리 몸이 광명의 도량이며 우리 마음이 청정한 정토임을 깨닫게 하여 주시옵소서.
거룩하신 부처님!
부처님의 지극하신 가피로 굳건하게 자란 우리 아이들이 입시라는 삶의 한 고비를 맞아 부처님을 의지하고 부처님을 본받아 학업에 열중하고 있사옵니다.
배움과 못 배움이 사람됨의 척도가 될 수 없고 아름다운 삶의 완성이 학력의 유무에

있지 않음을 잘 알고 있사오나 장차 이 나라를 장엄하는 동량이 되고자 함이오니 그 뜻을 섭수하여 주시옵소서.
모든 중생의 복전이며 공덕의 어머니이신 부처님!
발원재자 (   )생 (   )은(는) 불보살님의 구도정신을 본받아 (   ) 대학·(시험) 합격을 위해 정성을 다하여 학업에 매진하여 왔습니다.
오랜 시간 정진해 온 (   )이(가) (   )에 합격토록 하여 성취의 기쁨을 깨닫게 하여 주옵소서.
사대는 강건하고 육근이 청정하며 일체 병고와 미혹이 범접할 수 없도록 하여 주시옵소서. 더불어 불안과 초조함에서 벗어나 평안을 찾게 하시고 막힘에 이르면 문수보살의 혜안으로 천안의 지혜 열어 주시옵소서.

온갖 장애를 딛고 원하는 학업성과 성취케 하여 주시옵고 구경에는 보현보살의 크신 행과 관세음보살의 대자대비 실천케 하시어 이 땅을 불국토로 성취시키는 인연 짓게 하옵소서.

두 손 모아 다시 서원하옵나니 오늘의 이 기도공덕으로 이 땅의 모든 아이들이 바른 중도의 길을 걷게 하옵시고 결코 나쁜 유혹에 빠지지 않도록 하여 주시옵소서.

그리하여 모든 중생들이 부처님의 정토에 들어 지혜롭고 행복한 삶의 기쁨으로 가득 차게 하여 주시옵소서.

나무 석가모니불
나무 석가모니불
나무 시아본사 석가모니불

대원성취진언

옴 아모카 살바다라 사다야 시베 훔
옴 아모카 살바다라 사다야 시베 훔
옴 아모카 살바다라 사다야 시베 훔
옴 아모카 살바다라 사다야 시베 훔
옴 아모카 살바다라 사다야 시베 훔
옴 아모카 살바다라 사다야 시베 훔
옴 아모카 살바다라 사다야 시베 훔
옴 아모카 살바다라 사다야 시베 훔
옴 아모카 살바다라 사다야 시베 훔
옴 아모카 살바다라 사다야 시베 훔
옴 아모카 살바다라 사다야 시베 훔

옴 아모카 살바다라 사다야 시베 훔
옴 아모카 살바다라 사다야 시베 훔
옴 아모카 살바다라 사다야 시베 훔
옴 아모카 살바다라 사다야 시베 훔
옴 아모카 살바다라 사다야 시베 훔
옴 아모카 살바다라 사다야 시베 훔
옴 아모카 살바다라 사다야 시베 훔
옴 아모카 살바다라 사다야 시베 훔
옴 아모카 살바다라 사다야 시베 훔
옴 아모카 살바다라 사다야 시베 훔

사 경 본
입시기도발원문

2025(불기2569)년 7월 25일 초판 1쇄 발행

편 집 · 편 집 실
발행인 · 김 동 금
만든곳 · 우리출판사

서울특별시 서대문구 경기대로9길 62
☎ (02)313-5047, 313-5056
Fax. (02)393-9696
wooribooks@hanmail.net
www.wooribooks.com
등록 : 제9-139호

ISBN 978-89-7561-363-0 03220

정가 6,000원